BEI GRIN MACHT SICH IHR WISSEN BEZAHLT

- Wir veröffentlichen Ihre Hausarbeit,
  Bachelor- und Masterarbeit

- Ihr eigenes eBook und Buch -
  weltweit in allen wichtigen Shops

- Verdienen Sie an jedem Verkauf

Jetzt bei www.GRIN.com hochladen
und kostenlos publizieren

Professionalität in der Weiterbildungsgesellschaft. Diversitätskompetenz und kompetenzorientierte Gestaltung von Prüfungen und Zertifizierungen

Vanessa Gisch

Bibliografische Information der Deutschen Nationalbibliothek:

Die Deutsche Nationalbibliothek verzeichnet diese Publikation in der Deutschen Nationalbibliografie; detaillierte bibliografische Daten sind im Internet über http://dnb.d-nb.de abrufbar.

ISBN: 9783346642172
Dieses Buch ist auch als E-Book erhältlich.

© GRIN Publishing GmbH
Nymphenburger Straße 86
80636 München

Druck und Bindung: Books on Demand GmbH, Norderstedt Germany
Gedruckt auf säurefreiem Papier aus verantwortungsvollen Quellen

Das Buch bei GRIN: https://www.grin.com/document/1195037

Deckblatt für Einsendearbeiten im

Fernstudiengang „Erwachsenenbildung"

Adresse	
Name	Gisch
Vorname	Vanessa

Einsendeaufgabe 1

Diversitätskompetenz

Der Diversity-Ansatz (Diversity = dt. Vielfalt) ist eine notwendige Maßnahme in der Erwachsenenbildung zur Gewährleistung der Chancengleichheit. Dieser soll Respekt verschaffen und Gruppen- und individuellen Gegebenheiten von Menschen in sozialen Kontexten anerkennen. Es wird das Ziel verfolgt, dass jeder unter der Berücksichtigung von bspw. Alter, Geschlecht, religiöser oder sexueller Orientierung sowie Behinderung oder sozialem Status gleichermaßen anerkannt wird. (vgl. Arnold 2015: Studienbrief EB0110, Glossar, S. V)

Auf diesem Weg können Bildungs- und Lernprozesse für jeden Menschen, unabhängig von der sozialen Herkunft, zugänglich gemacht werden.

In Bezug auf Lehr-Lernsituationen in Bildungs- und Lernprozessen geht es darum die Vielfalt dieser Gegebenheiten bzw. Lernvoraussetzungen als Bereicherung für alle Be-teiligten zu erkennen, wertzuschätzen und positiv nutzen zu können. Die Heterogenität soll hierbei als förderliche Maßnahme für didaktische Settings angesehen und als all-gemeine Voraussetzung für den Lernprozess in der Planung von Lehr-Lernarrangements berücksichtigt werden. (vgl. ebd., S. V)

Um die oben genannten Aspekte in den Lehr-Lernprozessen berücksichtigen und um-setzen zu können sowie der weiteren Öffnung der sozialen Schere entgegenzuwirken, wird die Diversitätskompetenz zunehmend bedeutender.

Mit dem Begriff Diversitätskompetenz ist ein Bündel von Kompetenzen gemeint, das sich auf den Umgang mit den gemeinsamen und unterschiedlichen Lernvoraussetzun-gen im Lehr-Lernprozess bezieht. Erforderlich ist fundiertes diversitätstheoretisches Wissen sowie systematische und kontinuierliche Selbstreflexion der eigenen Diversität. Zudem wird eine hohe Sozialkompetenz benötigt sowie die Fähigkeit in Lehr-Lernsituationen optimal handeln zu können, um Diversität managen zu können. Es handelt sich hierbei um eine Grundvoraussetzung für die diversitätssensible Erwach-senenbildung. (vgl. Abdul-Hussain/ Hofmann 2013)

Es wird auch die Fähigkeit einbegriffen mit einer Störung der vertrauten Weltansichten durch die Interpretation bzw. Deutung anderer gelassen umgehen zu können. Die ein-gespurten Deutungs- und Emotionsmuster sind mit einem nüchternen Blick zu betrach-ten, mit den Deutungen anderer ins Verhältnis zu setzen und die eigenen Muster ggf. anzupassen. (vgl. Arnold 2015: Studienbrief EB0210, S. 3 ff.) Andere Deutungen sollen nicht verurteilt bzw. als falsch interpretiert werden. Diese sind selbst zu reflektieren, zu 2 hinterfragen und Erfahrungen damit zu bilden. Die Erklärungen und Deutungen anderer stellen Alternativen dar und bestimmen das eigene Handeln. Diese Fähigkeit kann geschult oder über die Lebensspanne entwickelt werden. (vgl. ebd., S. 5)

Wie die Referenzsituation zeigt, kann man nicht jeder Zielgruppe mit den gleichen Lehr-/Lernformen zur Unterstützung, Begleitung und Beratung im Lehr-Lernprozess gegenübertreten. Es müssen adäquate und diversitätssensible Handlungen und Interventionen entwickelt werden. Den Quereinsteigern und deren spezifischen Kompetenzbiographien gegenüber ist eine wertschätzende Haltung zu entwickeln. Sie müssen ebenso als Zielgruppe anerkannt werden wie die üblichen Studienbewerber mit allge-meiner Hochschulreife und man muss ihnen unterstützungsorientiert als Berater/in und Begleiter/in zur Seite stehen. (vgl. ebd., S. 49) Die Diversitätskompetenz ist somit wichtig für eine

> „perspektivanknüpfende und transformative Kompetenzentwicklung. Transformatives Erwachsenenlernen ist (stets) ein Lernen vom Anderen her: Man muss die lebensweltlichen Perspektiven des Anderen kennen, um sich (überhaupt) in einer lernanregenden und begleitenden Bewegung mit den in der jeweiligen Zielgruppe etablierten Formen des Denkens, Fühlens und Handelns verschränken zu können." (ebd. S. 5)

Der Lernprozess ist „ein durch Differenz und Vielfalt gekennzeichneter Weg" (ebd., S. 65). Es hängt von den Individuen ab, was sie aus den Umweltveränderungen machen. Sie sind die Entwickler ihrer Aneignungsprozesse. Jedoch haben die Lehrenden die Aufgabe entsprechende Zugänge zu Bildungs- und Lernprozessen zu schaffen und die Lernenden zum Lernen anzuregen. (vgl. ebd., S. 65)

In der modernen Gesellschaft hat sich das Lernen zu einer lebensbegleitenden Notwendigkeit entwickelt. Es wird nicht mehr nur vorbereitend gelernt. Wichtig ist es das Wissen über die Lebensspanne zu erweitern und die Kompetenzen zu sichern bzw. anzupassen, um die Lebensanforderungen und Aufgaben in der Berufswelt bewältigen zu können. Dies bedeutet, dass die Lernenden aus unterschiedlichen Lebenssituationen heraus lernen und sich in verschiedenen Lebensphasen für eine Wiederaufnahme der Lernprozesse entscheiden. Sie verfügen über unterschiedliche Lernvoraussetzungen und Aneignungslogiken. (vgl. Arnold 2014: Studienbrief EB0120, S. 25) Darüber hinaus folgen die Aneignungsbewegungen den individuellen Deutungs- und Emotionsmustern, die über die Biographie eingespurt wurden. Dies verdeutlicht, dass die milieutheoretischen Unterschiede mit dem Trend zur Wissensgesellschaft zunehmen. Dadurch kann der Lehr-Lernprozess auch nicht immer von Lernwiderständen freigehalten werden. (vgl. ebd., S. 65)

Um professionelle Lernzugänge zu schaffen und zum Bildungserfolg zu verhelfen, ist es notwendig, dass die Lehrenden über das oben beschriebene Bündel an Kompetenzen verfügen. Dadurch können die Lernenden individuell im Lehr-Lernprozess beraten und begleitet werden. (vgl. Arnold 2015: Studienbrief EB0210, S. 5)

Neben der Fachkompetenz, dem fundierten Wissen, die mit dem Begriff der Diversitätskompetenz einbegriffen ist, müssen die Lehrenden auch über die Fähigkeit der Selbstreflexion verfügen. Diese Fähigkeit dient dazu, die eigene Handlung aus einer zweiten Beobachterperspektive zu betrachten und darauf zu prüfen, ob diese zur Erweiterung der Handlungsmöglichkeiten der Lernenden beiträgt.

Zur Entwicklung der Bereitschaft sich auf neue Denk- und Verhaltensweisen einzulassen ist die im Bündel eingegriffene Sozialkompetenz hilfreich. Mit der Konflikt- und Kommunikationsfähigkeit können problematische oder ungewohnte Situationen gemeistert werden. Diese Situationen gewinnen in der modernen Gesellschaft an Bedeutung. (vgl. Arnold 2015: Studienbrief EB0110, S. 45)

Darüber hinaus hilft die Handlungskompetenz die Rahmenbedingungen für eine professionelle Gestaltung der Lehr-Lernarrangements zu schaffen. Denn aufgrund der Vielfalt an milieutypischen Lernvoraussetzungen gewinnen komplexe und differenzierte Lernumgebungen an Bedeutung, die die Lernenden zum Selbstlernen anregen und ihnen Selbstentfaltungs- und Erfahrungsräume bieten sollen (vgl. Arnold 2015: Studienbrief EB0210, S. 65). Den Lernenden müssen unterschiedliche Lernmethoden/-techniken aufgezeigt werden, die die individuellen Lernvoraussetzungen optimal bedienen.

Die Methodenkompetenz ist notwendig, wenn es darum geht Diversitätsmanagement in Organisationen zu implementieren. Diese verhilft zur konkreten Einführung von diversitätsspezifischen Maßnahmen und Managementkonzepten. (vgl. Hanappi-Egger/ Hofmann 2012, S. 327 ff.)

Einsendeaufgrabe 2

Kompetenzorientierte Gestaltung von Prüfung(en) und Zertifizierungen

Unter Kompetenz wird „die Fähigkeit zur Übernahme von Verantwortung und Selb-ständigkeit bei der Lösung (fachlicher) Probleme und nicht die repetitive Wiedergabe von Gelerntem" verstanden. „Ob ein Lernender über die erforderliche Kompetenz ver-fügt oder nicht, zeigt sich somit (an) seiner Performance, d.h. in der Art und Weise, in der er komplexere Problemlösungen planen, gestalten und kontrollieren [...] kann". (Arnold 2015: Studienbrief EB0210, S. 18) Es handelt sich um das

> „konkret sichtbare Vermögen (Kenntnisse, Fähigkeiten und Fertigkeiten) eines Mitarbeiters oder einer Mitarbeiterin. Man geht davon aus, dass Kompetenzbe-schreibungen wesentlich präziser sind als Berufsbilder und definiert die berufliche Handlungskompetenz als Zusammenspiel von Fach-, Methoden-, Sozial sowie emotionale Kompetenz." (ebd., Glossar; S. VII)

Mit der Gestaltung von kompetenzorientierten Prüfungen und Zertifizierungen kann insbesondere darauf geachtet werden, dass der Lernende die Kompetenzen nicht nur besitzt, sondern auch in der Lage ist diese in Handlungssituationen der Arbeits-und/oder Lebenswelt anzuwenden. (vgl. ebd., S. 16)

Es geht in erster Linie darum, dass nicht mehr nur Inhalte abgeprüft werden dürfen, da dies nichts mit einem nachhaltigen Lernen zu tun hat. Notwendig sind Prüfungsformen, die den Kriterien einer vollständigen Aufgabenlösung entsprechen. (vgl. ebd., S. 21)

Die Orientierung hierfür liefert die KODIZ-Strategie mit den strategischen Bausteinen für eine kompetenzorientierte Diagnose und Zertifizierung. Bei den Kompetenzprüfun-gen sind die „üblichen" Gütekriterien sozialwissenschaftlicher Forschung zu berück-sichtigen. Dazu zählen Objektivität, Validität (Gültigkeit) und Reliabilität (Zuverlässig-keit). Diese Gütekriterien markieren das Bemühen, wirklich professionell und evidenz-basiert anzusetzen. Neben den testtheoretischen Gütekriterien sind für die KODIZ-Strategie auch spezifisch erwachsenenpädagogische sowie kompetenztheoretische Gütekriterien grundlegend. Schließlich werden auch ablauftechnische bzw. ökonomi-sche Kriterien berücksichtigt. (vgl. ebd., S.21)

Anhand des Gütekriterien-Rasters der KODIZ-Strategie zur Entwicklung und Profilie-rung einer kompetenzorientierten Prüfungsstrategie (vgl. ebd., S. 22) wird im Folgen-den die erwachsenpädagogische Kompetenz „die Stärkung der Kommunikationsfähig-keit und das Vorbereiten einer fachspezifischen Präsentation unter Verwendung mo-derner Medien" im Modul Präsentation und Kommunikation im Studium konkretisiert.

Konkretisierung (am Bsp. eines Moduls „Präsentation und Kommunikation" im Studium)	
Gütekriterium – Testtheorie	
Objektivität	In Bezug auf das Beispiel werden die Kompetenzen nach Abschluss des Moduls durch eine mündliche Prüfung bewertet. Die Studierenden haben sich innerhalb der ersten Unterrichtseinheiten die Voraussetzungen für die Anfertigung einer Präsentation und verschiedene Präsentationstechniken angeeignet und bereits im Modul kleinere Präsentationen vorbereitet und vorgetragen. Die Studierenden haben für die Abschlussprüfung die Aufgabe eine Präsentation zu ausgewählten Themen zu erarbeiten und diese vor der Teilnehmergruppe zu präsentieren. Jede/r Studierende/r erhält dieselbe Aufgabe wodurch keiner bevorzugt bzw. vernachlässigt wird. Es wird darauf geachtet, dass in der Prüfung auch tatsächlich nur das abgeprüft wird, „was gelernt wurde bzw. gelernt werden sollte" (vgl. ebd., S. 21).
Validität	Aus Sicht des Verfassers ist mithilfe dieser Prüfungsform die Kommunikationsfähigkeit nicht exakt messbar, jedoch dient ein Bewertungsraster, dass für jede/n Prüfungsteilnehmer/in gleichermaßen verwendet wird, als Orientierung.
Reliabilität	Hierbei ist es ähnlich zu betrachten wie beim Gütekriterium „Validität".
Gütekriterien – Erwachsenenpädagogik	
Wertschätzung	Die Prüflinge bzw. Studierenden werden wie Erwachsene behandelt. Es wird stets die Verknüpfung mit bereits vorhandenen Erfahrungen in Bezug auf die Vorbereitung und Durchführung von Präsentationen und Gesprächsführungen im Verlauf ihres Studiums und der Lebens- bzw. Berufswelt gesucht.
Lebensnähe	Die Lebens-/Arbeitsnähe wird dadurch berücksichtigt, dass die Prüfung vor den anderen Teilnehmern des Moduls absolviert wird. Die Prüfung (Präsentation) wird unter realen Bedingungen (reden vor einem Fach-/Publikum) durchgeführt. Das Publikum kann im Anschluss an die Präsentation Fragen stellen, wodurch der Prüfling in die Lage versetzt wird seine Ergebnisse und Inhalte zu verteidigen. Das Modul wird als Kommunikationszusammenhang gesehen in dem die Erfahrungen der Teilnehmer/innen untereinander ausgetauscht werden können und stets Fragen an die/den Lehrende/n gerichtet werden können. Mit den Erfahrungen wird offen umgegangen.
Verständlichkeit	Die Prüfungsaufgabe wird klar und verständlich angekündigt über die Modulbeschreibung (Kompetenzprofil) und die entsprechende Beschreibung in der Veranstaltung auf der E-Learning-Plattform StudIP. Auf dieser werden auch alle Lernmaterialen zugänglich gemacht.
Gütekriterien – Kompetenztheorie	
Entwicklungsorientierung	Innerhalb der Teilnehmergruppen werden von den Teilnehmern im Laufe des Semesters 2-3 kleinere Präsentationen von 5-10 Minuten vorgetragen, die mit der Kamera aufgenommen werden. Diese Aufnahme wird nach Einwilligung der Teilnehmer/innen vor der Gruppe veranschaulicht. Nach dieser Anschauung wird zunächst der Teilnehmende um seine Selbsteinschätzung gebeten. Danach erhält er Feedback von der Gruppe sowie auch von der lehrenden Person anhand des Bewertungsrasters. Inhalte dieses Rasters sind Punkte zur Foliengestaltung, der inhaltlichen Aufbereitung und Struktur, der Sprache und Sprechstil sowie Schauform und Körpersprache. Es wird darauf geachtet, dass die Beurteilung anhand der Feedback-Regeln erfolgt. Damit erhalten die Studierenden über die Dauer des Moduls kontinuierlich hilfreiche Hinweise zur Selbstreflexion ihres Standpunk-

	tes im Kompetenzentwicklungsprozess.
Eigenver-antwortung	Die Eigenverantwortlichkeit wird dadurch gefördert, dass die Studierenden für die Anfertigung der Präsentationen selbst tätig werden müssen. Sie müssen sich selbst organisieren und auf die Moduleinheiten vorbereiten. Der Vortrag muss mit PowerPoint (oder ähnlichem Programm wie impress oder prezi) erstellt werden. Für die Vorträge wird kein Rechner gestellt. Es wird empfohlen die eigenen Geräte vorher im entsprechenden Seminarraum auszuprobieren. Wer über keinen Laptop verfügt, muss sich darum kümmern (Mitstudierende fragen), dass sie einen geliehen bekommen. Außerdem ist der Vortrag zusätzlich auf einem anderen Medium (DVD, CD, USB-Stick) mitzubringen. Diese werden nicht abgegeben. Sie sind notwendig, wenn trotz Ihrer technischen Vorbereitung der Laptop gewechselt werden muss. Ihnen wird mit Beginn des Seminars dargelegt, dass Sie die Verantwortung für ihren Lernprozess tragen.
Selbstorga-nisation	Den Studierenden wird erläutert, dass sie Entwickler ihrer Lernprozesse sind und sie eigenverantwortlich die Präsentationen vorbereiten müssen. Es werden Ihnen Methoden an die Hand gegeben, mit denen sie die Präsentationen zu Hause vorbereiten und üben können. Ihnen wird das Kompetenzprofil für das Modul transparent dargestellt, sodass sie ihren Entwicklungsstand über die Moduldauer reflektieren können. Des Weiteren erhalten sie kontinuierlich Feedback durch die Teilnehmenden und die/den Lehrende/n. Dadurch wird ihre Selbstwirksamkeit gestärkt und die Motivation zum selbst organisierten Arbeiten gesteigert.
Gütekriterien – Ökonomie	
Praxisbe-zug	Auf einen Praxisbezug von Inhalt und Form der Prüfung wird stets geachtet. Je nach Teilnehmern aus unterschiedlichen Studiengängen (bspw. umwelt-/wirtschaftliche, juristische) werden die vorgegebenen Themen, aus denen die Präsentationsthemen von den Teilnehmern gewählt werden können, angepasst. Themen können bspw. Erfolgsstory eines Unternehmens (selbstgewähltes Beispiel), das Cradle-to-Cradle Konzept, Öko-Labels, die Kosten-Erlös Funktion, Bedingungsloses Grundeinkommen sowie Rechtsformen sein.
Finanzier-barkeit	Die Studierenden müssen hierfür kein Entgelt bezahlen. Es werden keine Semesterbeiträge erhoben. Lediglich die Semestergebühren in denen das Semesterticket und der Beitrag zum AStA einbegriffen sind.
Rentabilität	Über die Rentabilität kann nur im Sinne der Teilnehmeranzahl beurteilt werden, denn es wird in diesem Fall der Bildungserfolg angestrebt und nicht die Rendite. In der Regel sind diese Seminare immer gut besucht, denn sie sind Bestandteil verschiedener Studiengänge und dienen zur Förderung der sozialen Kompetenzen und als Vorbereitung auf den Beruf.

Tabelle 1 in Anlehnung an Abb. 2: Gütekriterien einer kompetenzorientierten Prüfung, Arnold 2015: Studienbrief EB0210, S. 22

Einsendeaufgabe 3

Didaktische Arrangements für ein Projekt zum selbstgesteuerten Lernen

Bei dem didaktischen Arrangement in Bezug auf die Rahmenbedingen aus der Aufgabenstellung könnte es sich beispielweise bei dem formellen Arrangement um eine Einführungsveranstaltung an der Volkshochschule zum Thema „Lernen im Lebenslauf: Konzepte für selbstgesteuertes Lernen" handeln. Es werden in erster Linie arbeitssu-chende Menschen mit einer abgeschlossenen Berufsausbildung angesprochen. In dessen Rahmen wird der Fokus auf das theoretische Wissen und die Vermittlung von Lehrinhalten gerichtet mit der Absicht ein konkretes Lernergebnis zu erreichen. In die-sem Fall könnte es sich um Fachwissen in Bezug zum lebenslangen Lernen handeln, mit einem Überblick zu den Konzepten des Selbstlernens. Lernziel der Teilneh-mer/innen könnte es sein, die Absicht des lebensbegleitenden Lernens und die Kon-zepte zum selbstgesteuerten Lernen zu kennen und zu verstehen. Die Einführungsver-anstaltung ist klar strukturiert und findet in den der Volkshochschule zur Verfügung stehenden Schulräumen statt. Das Arrangement ist an didaktisch-methodischen Krite-rien orientiert. Bei den Dozierenden handelt es sich um eine professionell pädagogisch ausgebildete Personen. Die Wissensvermittlung wird insbesondere durch die Dozie-renden gesteuert und die Teilnehmer/innen sind nach der Anmeldung zur Veranstal-tung dazu verpflichtet präsent zu sein. (vgl. Wittwer/ Mersch 2013: Studienbrief EB0230, S. 45 f.)

Aufbauend dazu könnte ein weiteres Modul mit informellem Charakter von einem in der Region kooperierenden Unternehmen angeboten werden. In dessen Rahmen könnten beispielsweise zwei Fachreferenten/innen in zwei Kleingruppen ein Bewerbertraining mit Assessment-Planspiel und Check der Bewerbungsunterlagen anbieten, um den Teilnehmern einen Lebensweltbezug herzustellen. Es werden keine festen Inhalte be-stimmt, sondern sich an den Interessen und Bedürfnissen der Teilnehmer/innen orien-tiert. Die arbeitslosen Menschen sollen dadurch in ihrer Lebenssituation stabilisiert werden und Orientierungshilfe erhalten, um diese Krisensituation meistern zu können. Nach einer Erfahrungs- und Erwartungsabfrage in der Gruppe werden die Inhalte durch die Teilnehmer/innen bestimmt. Es werden Ziele bzw. gemeinsame Maßnahmen fest-gelegt, die die Teilnehmer/innen dabei unterstützen nochmal in ein Berufsverhältnis zu gelangen. Innerhalb der Gruppe werden Bewerbungsgespräche geführt, die die Teil-nehmer/innen in realitätsnahe Situationen versetzen an denen sie ihre Erfahrungen machen und lernen können ihre Probleme in den Griff zu bekommen. Die Inhalte zur Zielerreichung und Lösung der Fälle werden selbstständig oder in Gruppenarbeit gelöst und vorgestellt. Man traut den Teilnehmenden mehr zu. In der Gruppe erhalten die Teilnehmer/innen kontinuierlich Feedback durch die Gruppe und die Dozierenden und können sich dadurch im Kompetenzentwicklungsprozess selbstreflektieren. Des Weiteren können die Lernenden beispielsweise in Eigenregie ihre Bewerbungsunterlagen aufbereiten und erhalten dazu eine Rückmeldung mit möglichen Verbesserungspotenzialen. Den Teilnehmenden wird frühestmöglich ihre Verantwortung im Entwicklungsprozess verständlich gemacht. Die Dozierenden schaffen ein wertschätzendes Klima und übernehmen situativ verschiedene Rollen, wie Feedbackgeber/in, Animateur/in, Begleiter/in oder Berater/in. Durch die Nutzung von E-Learning Plattformen werden den Teilnehmenden Lernressourcen zur Verfügung gestellt. Das Modul findet nicht in Bildungseinrichtungen statt. Es wird in Blockveranstaltungen angeboten bei denen sich die Teilnehmenden beispielsweise im Abstand von zwei Wochen zum Austausch in den Unternehmensräumlichkeiten treffen. Für die Präsenz müssen sich die Teilnehmer/innen auf verschiedene Aufgaben vorbereiten. (vgl. ebd., S. 46 ff.)

In beiden Fällen soll es sich um Bildungs- und Qualifizierungsangebote handeln, die auch für Randgruppen geöffnet sind, um die distanzstiftenden Rahmenbedingungen abzubauen. Es wird keine spezielle Altersgruppe angesprochen, man möchte die Integration und Gleichberechtigung gewährleisten und der Vielfalt offen gegenüberstehen. (vgl. Müller-Commichau 2011: EB0220, S. 93) Das intergenerationale Arbeiten mit möglichen sozialen Synergieeffekten soll genutzt werden (vgl. ebd., S. 102).

Das formelle Arrangement besteht aus einem reinen Monolog des Dozierenden. Die lehrende Person vermittelt theoretische Inhalte und liefert fertige Antworten. Es wird von den Lernenden erwartet, dass sie die Inhalte verinnerlichen, wiedergeben und anwenden können. Trotz des Fachwissens der lehrenden Person wird mit dieser Lehrform keine professionelle Lehre gewährleistet. Denn die Lernenden entscheiden darüber was sie sich von dem Vermittelten behalten und bilden die Inhalte nicht repetitiv ab. Der Lernerfolg wird nicht sichergestellt, da somit keine Entfaltungs- und Erfahrungsräume für die Teilnehmenden geschaffen werden. Sie werden nicht zum Selbstlernen aktiviert. (vgl. Arnold 2015: Studienbrief EB0210, S. 11 ff.)

Wohingegen die/der Lehrende beim formellen Lernen für die Vermittlung der Lehrplaninhalte Verantwortung trägt und dadurch leichter einheitliche Kompetenzprofile gewährleistet werden können, wandelt sich die Rolle des Lehrenden beim informellen Lernen. Es fächern sich neue Aufgaben auf. Die Lehrkraft muss die Bereitschaft haben sich von der Vermittlerrolle zu lösen und Verantwortung für das Anregen, Begleiten, die Förderung des Selbstwirksamkeitserlebens und der Ausbildung der Selbstlernkompetenzen übernehmen. (vgl. ebd. S. 12) Die Lehrkräfte übernehmen damit überwiegend die Rolle eines Gestalters, da die Kompetenzentwicklung der Lernenden in den Fokus gerät (vgl. ebd. 25 f.).

Um die Kompetenzreifung zu unterstützen ist es bei informellen Arrangements die Aufgabe der lehrenden Person den Lernenden (virtuelle) Erlebensräume zu schaffen. Durch einen Mix aus theoretischen Inhalten (Lernressourcen) und Fallbeispielen oder Problemsituationen, Übungen, Erfahrungsaustausch und Diskussionen wird ein Bezug zur Lebenswelt (Arbeitswelt, Privatleben) der Teilnehmenden hergestellt. Der Fokus liegt auf der Aktivität der Lernenden und dem Kommunikationszusammenhang. (vgl. ebd., S. 14 ff.) Die Probleme werden in Gruppenarbeit gelöst, vorgestellt und bewertet. Es können jederzeit Fragen gestellt werden, die in der Gruppe beantwortet werden. Diese Erlebenskomponenten bieten Möglichkeiten zum Üben. Nur so können Impulse zur Selbstreflexion gegeben werden, die die Lernenden trainieren sich in den jeweiligen Situationen aus einer zweiten Beobachterperspektive wahrzunehmen und ihre eingespurten Muster anzupassen oder weiterzuentwickeln. (vgl. ebd. S. 27) Dadurch wird die Selbstwirksamkeit der Lernenden gestärkt und die Persönlichkeitsentwicklung gefördert. Diese Fähigkeiten sind Voraussetzungen für das selbstgesteuerte Lernen. (vgl. ebd. S. 48)

Zur optimalen Unterstützung der Selbstbildung und des vernetzten Lernens bedarf es damit einerseits der Öffnung und Bereitstellung der Erfahrungs- und Selbstentfaltungsräume sowie der Schaffung eines wertschätzenden Klimas durch die Lehrenden. Dazu tragen auch didaktische Schmierstoffe wie Heiterkeit, Leichtigkeit, Feedback etc. bei, die die Lehrenden kennen und verwenden können sollten. (vgl. ebd., S. 63) Andererseits gilt es die Aktivität der Lernenden zu fördern, da nicht stellvertretend für sie gelernt werden kann und sich die fachlichen Kompetenzen nur im Lösungserleben verfestigen und von einem bloßen Verstehen zum Können entwickeln (vgl. ebd. S. 48 ff.). „Lernen, Entwicklung und Kompetenzreifung (sind) letztlich Inside-Out-Prozesse, die man durch geeignete Arrangements anregen, aber in ihrer Wirksamkeit bzw. Ergiebigkeit kaum bestimmen kann." (ebd., S. 61) Weiterhin ist es notwendig an das bereits vorhandene Wissen, die Kompetenzen und die Deutungs- und Emotionsmuster der Lernenden anzuknüpfen, da das Lernen darüber bestimmt wird (vgl. ebd. S. 61). Den Lehrenden kommt die Aufgabe zu, verborgene Kompetenzen bei den Teilnehmern zu entdecken und ihnen in motivierender Weise Ausdruck zu verleihen (vgl. Müller-Commichau 2011: EB0220, S.100 f.). Darüber hinaus müssen die Lehrenden bereit und in der Lage sein die informell erworbenen Kompetenzen bei den Lernern zu messen und zu zertifizieren (vgl. ebd., S. 88).

Es wird von den Lehrenden erwartet, dass sie den Präsenzunterricht strukturiert mit verschiedenen Medien gestalten (vgl. ebd., S. 88 f.). Die Lehrenden müssen authentisch und glaubwürdig auftreten und den Lernenden mit einer emotionalen Offenheit gegenübertreten. Diese emotionale Rahmung hat etwas mit der Individualisierung des Beratungskontaktes zum Lernenden sowie mit der Regelmäßigkeit und Konstruktivität des Feedbacks zu tun. Es muss sich um eine sinnhafte, an die Biographie, die Bedürfnisse und Erwartungen des Beratenden angepasste Beratung handeln. Hierzu bedarf es aber auch dem Wissen der Lehrenden, dass es solche Möglichkeiten gibt und dass sie damit umgehen können. (vgl. ebd., S. 87) Des Weiteren sind virtuelle (Lern-) Vernetzungsmöglichkeiten von hoher Bedeutung, um die Lehre transparenter, komfortabler und öffentlicher zu gestalten (vgl. Arnold 2015: Studienbrief EB0210, S. 106 f.). Die alleinige Fachkompetenz der Lehrenden reicht nicht mehr aus. Sie müssen über weitere Kompetenzen verfügen. Darunter fällt das Bündel der Kompetenzen wie unter Einsendeaufgabe 1 bereits näher erläutert wurde. Insbesondere ist die Prozesskompetenz notwendig, um unter anderem die Fähigkeit zu besitzen den Lernenden mehr zuzutrauen, den Lehr-Lernprozess als Kommunikationszusammenhang zu gestalten, das Fachwissen und die Kompetenzanforderungen an die Lernenden heranzutragen und sie bei eigenen Suchbewegungen professionell zu unterstützen. „Damit eine (solche) „Lernbegleitung" gelingen kann, ist eine dreifache Erweiterung des heute vielfach fachdidaktisch verengten Blickes notwendig." (ebd., S .61) Aufgrund der Zunahme an Beratungsbedarf müssen die Lehrenden außerdem über Beratungskompetenzen verfügen. (vgl. Müller-Commichau 2011: EB0220, S. 90)

Damit wird das organisationale Lernen bedeutsamer. Es muss innerhalb jeder Bildungsorganisation sichergestellt werden, dass alle Mitglieder sich über ihre Lebensspanne weiterentwickeln und ihre Kompetenzen ausbauen und professionalisieren, die sie als Lehrende/r oder Weiterbildner/in benötigen. (vgl. ebd., S. 75)

Einsendeaufgabe 4

a) *Auswirkungen der Entwicklung des Berufskonzepts auf das Verständnis von Professionalität und Qualität der Weiterbildner*

b) *Entwicklung wichtiger Kompetenzen, um professionell und auf hohem qualitativen Niveau zu handeln*

Zunächst werden die Begriffe *Professionalität* und *Qualität* in Bezug auf die Tätigkeit der Weiterbildner näher erläutert.

Unter *Professionalität* ist das erwachsenenbildnerische Handeln zu verstehen. Die Aufgabe liegt darin das wissenschaftliche Wissen und Erfahrungswissen mit entsprechenden didaktischen Arrangements so an die Erwachsenen heranzutragen, dass Bildung und Lernen ermöglicht wird. (vgl. Wittwer/ Mersch 2013: Studienbrief EB0230, S. 115) Es handelt sich bei der Professionalität nicht um einen Zustand der erreicht werden kann, „sondern (um) eine flüchtige, jedes Mal aufs Neue situativ herzustellende berufliche Leistung" (ebd., S. 120).

Die *Qualität der Lehre* gewinnt zunehmend an Bedeutung als Wettbewerbsfaktor (vgl. ebd., S. 122). Es ist die Aufgabe der Programmverantwortlichen und Weiterbild-ner/innen die Qualität zu sichern. Diese Aufgabe wird jedoch noch nicht überall umge-setzt (vgl. ebd., S. 123). Dies kann unter anderem damit zusammenhängen, dass es keine allgemein gültige Definition von Qualität gibt. Es hat sich bisher niemand damit beschäftigt den Qualitätsbegriff zu definieren. Des Weiteren fehlt ein umfassendes Konzept, das Orientierung zur Entwicklung von Qualitätsstandards bietet. Um das

Problem zu umgehen, wird in erster Linie das Interesse verfolgt, dass die Träger die Fähigkeit besitzen die festgelegte Qualität zur erbringen, jedoch ist keine weitere Überprüfung notwendig. (vgl. ebd., S. 124 ff.)

Beim *Qualitätsbegriff* handelt es sich um einen multidimensionalen Begriff, der je nach Akteursgruppe und Interessenkonstellation neu festgelegt wird. Damit ist die Qualität immer subjektiv, denn je nach den beteiligten Personen werden die Güteeigenschaften unterschiedlich bewertet. (vgl. ebd., S. 125) Es handelt sich bei der Qualität um „keine beobachtbare Eigenschaft oder Beschaffenheit eines Objektes, sondern (um) das Resultat einer Bewertung der Beschaffenheit eines Objektes" (ebd., S. 125).

Die Voraussetzung für die Qualität stellt die Zusammenarbeit der Akteursgruppen der Professionellen dar, damit den Bedürfnissen verschiedener Funktionsfelder des gesellschaftlichen Lebens nachgegangen wird. Jedoch wurde die Qualitätsfrage in erster Linie von den Trägern diskutiert und geprägt, da diese „die Weiterbildung als ein wichtiges Instrument zur Verwirklichung ihrer funktionsspezifischen Aufgaben (betrachten)" (ebd. S. 126).

Zur Vermeidung der einseitigen Interessensberücksichtigung der Träger, sind deshalb die Professionellen dafür zuständig den gesamten Weiterbildungsprozess zu sichern. Dies soll durch einen regelmäßigen Diskurs zwischen Trägern und Lernenden gewährleistet werden. Sie tragen die Verantwortung von der Bedarfsermittlung bis hin zur Nachbereitung und der abschließenden Evaluation. (vgl. ebd., S. 127)

Die Aufgaben der Weiterbildner/innen fächern sich weiter auf. Sie werden zu Begleitern, Beratern, Moderatoren in Lernprozessen und müssen sich darüber hinaus auch um das Management und Marketing von Bildungsangebote kümmern. Die Aufgaben, die zuvor personell getrennt waren, werden nun in einem Funktionsbild zusammengefasst. (vgl. ebd., S. 17 f.) Die Weiterbildner/innen müssen über zahlreiche Fähigkeiten verfügen, damit sie vielfach eingesetzt werden können (vgl. ebd., S. 18). Es werden unter anderem von den Unternehmen sehr hohe Anforderungen an die Weiterbildner/innen gestellt (vgl. ebd., S. 32).

Die Qualität und Professionalität werden von den Weiterbildnern sehr unterschiedlich wahrgenommen, wodurch die Qualität der Bildungsangebote nicht immer den Erwartungen entspricht. Dies hängt damit zusammen, dass es keine einheitlichen Anforderungsprofile gibt und das Selbstverständnis der Weiterbildner/innen nicht immer dasselbe ist. (vgl. ebd., S. 33) Darum ist es wichtig, dass den Weiterbildnern erstmal bewusst wird, was sie an ihrer Arbeit interessiert, um den Lernenden Autonomie gewähren und Selbstverantwortung vermitteln zu können (vgl. ebd., S. 38).

Der Verlust des bisherigen Berufskonzeptes führt zum Verlust der Orientierung der beruflichen Arbeit für das Individuum. Es führt zum Identitätsverlust und zum Zwang, Entscheidungen in unsicheren Situationen treffen zu müssen. Ein berufliches Handeln ohne diese Leitidee ist nicht denkbar. Deshalb werden die Individuen und die Gesellschaft dazu angehalten ihr individuelles Berufskonzept über ihre Biographie zusammenzustellen, damit sie einen roten Faden haben, der ihnen die Orientierung durch das ganze Berufsleben gibt. (vgl. ebd., S. 95) Dadurch ist es dem Individuum möglich über seine Lebensspanne einen individuellen Beruf zusammenzustellen „und auf diesem Weg zu einem absolut individuellen Muster von berufsbezogenen Qualifikationen (zu) kommen, dessen Einheit und Zusammengehörigkeit nicht mehr durch das vorgegebene Berufsbild, sondern durch die Biographie gestiftet wird" (ebd., S. 97).

Das Berufskonzept muss mit neuem Sinn gefüllt werden, damit die Individuen in die Lage versetzt werden die zuvor erworbenen mit den neu zu erwerbenden Qualifikationen zu verknüpfen. (vgl. ebd., S. 98) Sie sollen eine Berufsidee entwickeln, die ihrer Arbeit als Weiterbildner/in einen neuen Sinn gibt. Die verschiedenen Berufsanforderungen und –aufgaben müssen in einen sinnhaften Zusammenhang gebracht werden, damit die Individuen die für sich berufstypischen Merkmale erkennen können. (vgl. ebd., S. 98) Auf diesem Weg sollen die Individuen ihre berufliche Tätigkeit und Dauerhaftigkeit durch die „Kontinuität der individuellen Kompetenzanwendung" erreichen (ebd., S. 97).

Sowohl Qualität als auch Professionalität hängen von den Kompetenzen der Weiterbildner/innen ab (vgl. ebd. S. 133). Im Folgenden werden die notwendigen Kompetenzen dargestellt und es wird darauf eingegangen, wie diese entwickelt werden können.

Neben fundiertem wissenschaftlichem Fachwissen ist die Medien- und Methodenkompetenz von Bedeutung durch die die Weiterbildner/innen in die Lage versetzt werden medienbasierte Arrangements entwickeln und gezielt einsetzen zu können. Weiterhin ist die pädagogische Kompetenz wichtig, um eine Teilnehmerorientierung zu gewährleisten und die Lernenden mit professionellem Handeln im Lehr-Lernprozess durch gezielte Wahl der Lernmethoden optimal zu unterstützen. (vgl. ebd., S. 117 ff.) Des Weiteren ist die persönliche Kompetenz notwendig. Darunter ist einer der wichtigsten Fähigkeiten die Reflexionskompetenz, um sich selbst kontinuierlich in verschiedenen Situationen zu beobachten und Fremdmeinungen oder -beurteilungen zuzulassen. Dadurch wird in erster Linie das berufliche Handeln von eigener Weiterbildung begleitet, führt zur Weiterentwicklung der eigenen Kompetenzen und damit zur Stärkung der Professionalität. (vgl. ebd., S. 132) Die soziale und unternehmerische Kompetenz dienen unter anderem dazu mit unsicheren Situationen umgehen und strategisch denken zu können (vgl. ebd., S. 30).

Es gibt keinen „Königsweg", um diese Kompetenzen zu erlangen. „Die Passung zwischen Qualifikationsweg und beruflichen Anforderungen muss vom Weiterbildner selbst hergestellt werden durch Professionalität." (ebd., S. 37) In erster Linie ist eine wissenschaftliche Vorbildung bzw. ein Hochschulstudium wichtig. In dessen Rahmen erfolgen die Grundqualifikation und die theoriebezogene berufliche Erfahrung. Es wird die Fähigkeit erlangt sich selbst zu reflektieren und die eigenen Handlungsmöglichkeiten werden erweitert. (vgl. ebd., S. 127) Damit werden die Voraussetzungen für ein selbstverantwortliches Lösen von Problemen und Handeln erlernt, bspw. durch Projektarbeiten. Die Verknüpfung von Theorie und Praxis wird mittels Praktika oder der Bearbeitung der Abschlussarbeit hergestellt, wodurch Erfahrungen außerhalb der Bildungsinstitution gesammelt werden und die Arbeits- und Methodenkompetenz entwickelt wird. (vgl. ebd., S. 128) So schafft beispielsweise ein berufsintegriertes oder praxisorientiertes Weiterbildungsstudium optimale Voraussetzungen durch den kontinuierlichen Wechsel zwischen Präsenzphasen, Selbststudium und Berufstätigkeit (vgl. ebd., S. 128 f.).

Darüber hinaus trägt in der Berufspraxis ein kontinuierlicher Austausch mit Kolleginnen und Kollegen oder anderen Weiterbildnern zur Kompetenzerweiterung bzw. der Bewusstseinsschaffung bei und dienen der Orientierung für nicht vorhandene Qualitäts- und Professionalitätsstandards (vgl. ebd., S. 132).

Literaturverzeichnis

Abdul-Hussain S./ Hofmann R. (2013): Diversitätskompetenz. Bundesministerium für Bildung, Wissenschaft und Forschung (BMBWF) in Kooperation mit dem Bundesinstitut für Erwachsenenbildung (bifeb) (Hrsg.), unter: https://erwachsenenbildung.at/themen/diversitymanagement/grundlagen/divkompetenz.php (Zugriff am 30.12.2018)

Arnold, R. (2014): Studienbrief EB0120: Bausteine zur Erwachsenendidaktik., Kaiserslautern, s.n.

Arnold, R. (2015): Studienbrief EB0110: Porträts und Konzeptionen zur Erwachsenenbildung., 3.aktualisierte und überarbeitete Auflage, Kaiserslautern, s.n.

Arnold, R. (2015): Studienbrief EB0210: Die Entgrenzung der Weiterbildung., Kaiserslautern, s.n.

Hanappi-Egger E./ Hofmann R. (2012): Diversitätsmanagement unter der Perspektive organisationalen Lernens: Wissens- und Kompetenzentwicklung für inklusive Organisationen. In: Bendl, Regine/Hanappi-Egger, Edeltraud/Hofmann, Roswitha (Hrsg.): Diversität und Diversitätsmanagement. Wien: facultas.wuv, S. 327-349

Müller-Commichau, W. (2011): Studienbrief EB0220: Grundlagen Tendenzen und Optionen der Weiterbildungspolitik., Kaiserslautern, s.n

Wittwer, W./ Mersch A. (2013): Studienbrief EB0230: Professionalität und Qualität., 2. Überarbeitete und aktualisierte Auflage, Kaiserslautern, s.n.